BEI GRIN MACHT SICH IHI
WISSEN BEZAHLT

- Wir veröffentlichen Ihre Hausarbeit,
  Bachelor- und Masterarbeit

- Ihr eigenes eBook und Buch -
  weltweit in allen wichtigen Shops

- Verdienen Sie an jedem Verkauf

Jetzt bei www.GRIN.com hochladen
und kostenlos publizieren

Bibliografische Information der Deutschen Nationalbibliothek:

Die Deutsche Bibliothek verzeichnet diese Publikation in der Deutschen National-
bibliografie; detaillierte bibliografische Daten sind im Internet über http://dnb.d-
nb.de/ abrufbar.

Impressum:

Copyright © 2016 GRIN Verlag, Open Publishing GmbH
Druck und Bindung: Books on Demand GmbH, Norderstedt Germany
ISBN: 9783668489875

Dieses Buch bei GRIN:

http://www.grin.com/de/e-book/371043/chancen-und-probleme-durch-intermedia-
tion-bei-kryptowaehrungen

Florian Schaetzle

Chancen und Probleme durch Intermediation bei Kryptowährungen

GRIN Verlag

ALBERT-LUDWIGS-UNIVERSITÄT FREIBURG IM BREISGAU

Fachprüfungsausschuss Volkswirtschaftslehre (B.Sc.)

Institut für Informatik und Gesellschaft
Abteilung Telematik

Chancen und Probleme durch Intermediation bei Kryptowährungen

Bachelorarbeit

von

Florian Schätzle

Beginn: 21.04.2016

Abgabe: 21.07.2016

I. Inhaltsverzeichnis

1. Einführung

Geld gilt seit Jahrtausenden als wichtigstes Tauschmittel der Menschen. Da der Tausch von gleichwertigen Waren aus technischen Gründen nicht immer möglich war, hatte man sich entschieden auch kleinere, wertvolle Objekte als Gegenwert zu akzeptieren. Daraus entwickelten sich Metallmünzen, die an verschiedenen Orten als gleichwertig eingeschätzt wurden, wodurch ein müheloserer Handel entstehen konnte. Später kamen Geldscheine hinzu, die allerdings keinen intrinsischen Wert mehr besaßen. Eine zentrale Institution innerhalb des Währungssystems wies dem Geldschein einen bestimmten Wert zu. Die Tauschpartner mussten nun darauf vertrauen, dass dieser Wert von der Institution garantiert würde und dass sie mit dem Geld überall zahlen konnten.

Dieses Finanzsystem, mit einer Zentralbank als oberste Instanz, besteht heute noch. In diesem Rahmen hat sich eine Branche aus Dienstleistern entwickelt, die als Intermediäre sämtlicher Transaktionen dienen. Doch zusätzlich zu den Geschäftsbanken, versuchen sich immer mehr Start-ups in diesem Dienstleistungsmarkt zu positionieren. Mit der Verbreitung des Internets entstanden neue Möglichkeiten Transaktionen durchzuführen. So hat sich z.B. PayPal inzwischen als beliebte Alternative zu klassischen Zahlungsmethoden etabliert. Intermediäre sorgen für einen effizienteren Zahlungsverkehr, indem sie zur Reduzierung vorhandener Informationsasymmetrien beitragen und für sichere Übermittlungen der Geldbeträge zwischen den Beteiligten sorgen. Allerdings benötigen die Intermediäre hierfür eine Infrastruktur, um diese Dienstleistung möglichst vielen potenziellen Nutzern anbieten zu können. Die damit einhergehenden Betriebskosten werden u.a. durch Transfergebühren gedeckt. Diese erhobenen Gebühren können, je nach Art des Transfers, sehr hoch für die Transaktionspartner ausfallen.

Im Jahr 2008 wurde ein völlig neuer Ansatz vorgestellt, welcher die Intermediation im Zahlungsverkehr mithilfe von digitalen und kryptographischen Methoden, zumindest theoretisch, überflüssig macht. Transaktionspartner benötigen keine Dritte mehr, die etwaige hohe Gebühren beanspruchen würden. Das Geschäftsmodell traditioneller Banken und ähnlicher Finanzdienstleister könnte hinfällig werden.

Doch kann man auf Intermediation wirklich verzichten? Werden Intermediäre verschwinden oder werden neue Unternehmen und Geschäftsmodelle zu einer Reintermediation führen? Und weshalb spielen Kryptowährungen derzeitig eine noch kaum wahrnehmbare Rolle im Zahlungsverkehr?

Diesen Fragen wird in den folgenden Kapiteln Rechnung getragen. Im Fokus dieser Arbeit liegt insbesondere die Intermediation im Zahlungsverkehr von dezentralen Kryptowährungen. Es soll das Paradoxon verdeutlicht werden, dass intermediäre Dienste durch ein Peer-to-Peer-System überflüssig gemacht werden sollen, dieser Umstand aber ein Hemmnis für die Verbreitung und Nutzerfreundlichkeit der Kryptowährung sein kann.

Einleitend wird das Konzept von Kryptowährungen und verschiedenen Implikationen für (Finanz-)Wirtschaft und Gesellschaft erläutert. Um den Begriff der Intermediation in diesem Kontext einzugrenzen, fokussiert diese Arbeit auf die Phase der Abwicklung von Zahlungen mit Kryptowährungen. Damit ein besseres Verständnis für die schleppende Verbreitung der Kryptowährungen entsteht, wird auch auf allgemeine Schwachstellen Bezug genommen.

Nachdem im Zwischenfazit angedeutet wird, dass Intermediation auch Chancen zur Verbesserung des Systems bieten könnte, sollen in Abschnitt 2 zunächst damit einhergehenden Probleme verdeutlicht werden.

Abschnitt 3 unterliegt der wirtschaftswissentlichen Einbettung des Themas in die Netzwerkökonomik. Es werden verschiedene Aspekte vorgestellt, die den Aufbau und die Dynamik des Marktes einer Kryptowährung erklären können. Hierbei soll die Relevanz von Intermediären in diesem Markt hervorgehoben werden.

Darauf basierend zeigt Abschnitt 4 welche Implikationen eine verbesserte Intermediation für das Netzwerk der jeweiligen Kryptowährung haben kann und schließt das Thema durch eine begriffliche Erläuterung von *Reintermediation* ab.

Der letzte Abschnitt beinhaltet mögliche Entwicklungen der Zukunft von Kryptowährungen, sowie eine kurze Zusammenfassung der Arbeit.

1.1. Kryptowährungen und die Blockchain-Technologie

„Wir brauchen ein elektronisches Zahlungssystem, das nicht auf Vertrauen, sondern auf einem kryptographischen Nachweis beruht. "
(Nakamoto, 2008)

Dieses Zitat stammt aus dem von Satoshi Nakamoto im Jahre 2008 veröffentlichten Paper, mit dem er die Geburtsstunde der ersten öffentlich gehandelten Kryptowährung einleitete. Er beschreibt darin ein Online-Tauschsystem, welches zwei Parteien erlaubt, mit Hilfe von Verschlüsselungsverfahren digitales Geld zu tauschen und dabei anonym zu bleiben. Er konstruiert ein System, das außerhalb des klassischen Finanzsystems und ohne Mittelsmänner funktioniert. Dieses Konzept des direkten Geschäftsverkehrs nennt sich „Peer-to-Peer".

Seine eigens hierfür entwickelte Kryptowährung nannte er *Bitcoin*. Sie ist eine von inzwischen mehr als 600 Kryptowährungen, die zusammen eine Marktkapitalisierung von etwa 13,3 Milliarden Euro ausmachen. Da Bitcoin ein Open-Source-Projekt ist, bauen viele Kryptowährungen in leicht abgeänderter Form auf das Protokoll von Bitcoin auf. Sie unternehmen den Versuch technische Schwächen von Bitcoin auszugleichen und die Funktionalität zu erhöhen. Die meisten von ihnen sind aber kaum von wirtschaftlicher Relevanz, da ihre Marktkapitalisierung weniger als 1 Millionen Euro beträgt. Dagegen ist Bitcoin die mit Abstand dominanteste Kryptowährung mit einem Anteil von 80,2 % am Gesamtwert (*Crypto-Currency Market Capitalizations (Stand 14.06.16)*, n.d.). Um die Übersichtlichkeit zu bewahren, stehen in dieser Arbeit Kryptowährungen im Fokus, die dem Softwareprotokoll von Bitcoin zugrunde liegen.

Die grundlegende, innovative Technologie hinter dezentralen Kryptowährungen nennt sich *Blockchain*. Nakamotos Ziel war es, mittels dem Peer-to-Peer-Prinzip, elektronische Zahlungen online und direkt von einer Person zur Nächsten zu schicken, ohne einen Finanzintermediär zu brauchen. Sein veröffentlichtes Software-Protokoll soll es den Nutzern erlauben, durch ein Public-Key-Verschlüsselungsverfahren auf sichere Weise Zeichenketten miteinander zu tauschen. Eine Transaktion ist ein Transfer eines Betrages zwischen zwei Personen, der in die Blockchain eingetragen wird. Dies kann immer dann stattfinden, wenn die Person mit Hilfe eines geheimen, privaten Schlüssels (bzw. Code-Kette) die Überweisung signiert, um sicherzustellen, dass sie auch wirklich vom Besitzer kommt . Die Blockchain ist vergleichbar mit einem öffentliches Grundbuch, in dem alle getätigten Transaktionen auf Authentizität überprüfbar sind. Nakamoto wollte ein dezentrales Computernetzwerk schaffen, das durch unumstößliche Regeln zusammenarbeitete, um dessen Integrität zu wahren.

Ein Block besteht aus einer Gruppe von bereits getätigten Transaktionen und einer Kennung des vorherigen Blocks. Doch ein Block ist bedeutungslos, bevor er nicht verifiziert wurde. Da es sich um ein dezentrales Netzwerk handelt, konkurrieren die teilnehmenden Mitglieder (die Rechenkapazität zu Verfügung gestellt haben), um die Verifikation des Blocks. Es soll in einer Art Wettbewerb überprüft werden, ob der Block integer ist und mit dem vorherigen, bereits verifizierten Block vereinbar ist (vgl. Zeev, 2015). Damit wird u.a. getestet, dass die darin enthaltenen Schlüssel nicht bereits verwendet wurden (*double-spending*). Dieser Prozess wird *Mining* genannt. Die Verarbeitung benötigt viel Rechenkapazität, doch die Verteilung der Berechnungen im Netzwerk sorgt dafür, dass die Bestätigung eines Blocks zeitlich begrenzt ist. Bei Bitcoin benötigt die erste Bestätigung eines Blocks durchschnittlich etwa 10 Minuten. Der Abschluss des Prozesses der Verifikation wird auch *proof-of-work* genannt. Dieser *Arbeitsnachweis* ist im Grunde genommen die Überprüfung, ob der neue Block konform zur bisherigen Transaktionshistorie in der Blockchain ist. Als Anreiz an diesem Mining-Wettbewerb teilzunehmen, erhalten die *Miner* neue, private Schlüssel, die sie wiederum für Transaktionen einsetzen können (Casey & Vigna, 2015).

1.2. Bedeutung für Wirtschaft und Gesellschaft

In einem internen Report der Deutschen Bank wird von einer der ersten Ideen aus dem Financial-Technology-Bereich (kurz: FinTech) gesprochen, die das Potenzial zur Disruption habe.

„In der reinen Blockchain-Theorie werden nicht nur einzelne Geschäftsbereiche traditioneller Banken künftig überflüssig, sondern es könnte zu einem echten Paradigmenwechsel im vorherrschenden Finanzsystem kommen, weil viele

Intermediäre Dienste durch ein P2P-Netzwerk ersetzt werden könnten." (Dapp & Karollus, 2015).

Kryptowährungen sind nur eine von vielen Anwendungsmöglichkeiten der Blockchain-Technologie. Sie kann mehr als den Zahlungsverkehr umzukrempeln, sie eignet sich bspw. auch zur Dokumentierung von Rechten oder Ansprüchen in einer Blockchain. Deswegen suchen neben Start-ups und Banken, auch Non-Profit-Organisationen und Regierungen nach neuen Anwendungsfeldern. Beispiele für aktuelle Projekte aus verschiedenen Bereichen sind: Aktienhandel, Grundbuchregister, Lieferkettenprotokolle bei Lebensmittel, Rechtemanagement von Musik und Kunst.

Inwieweit die Blockchain-Technologie unser Leben beeinflussen wird, bleibt offen, doch viele Experten sind sich einig: Sie kann unser bisheriges System aus Wirtschaft und Gesellschaft nachhaltig ändern.

Doch zurück zu Kryptowährungen und Intermediären; der folgende Abschnitt wird das Thema dieser Arbeit einleiten und konkretisieren.

1.3. Geschäftsmodelle mit Transaktionen bei Kryptowährungen

Intermediäre können auf dem Markt ganz verschiedene Rollen einnehmen. Da sich Transaktionen in mehrere Phasen unterteilen, haben die Intermediäre auch verschiedene Aufgaben. Im Allgemeinen kommt ihnen folgende Funktionen zu:

Transaktionsphase	Funktion des Intermediärs
Informationsphase	Informationsgewinnung, Zusammenbringen von Marktakteuren, Aufbau von Vertrauen
Vereinbarungsphase	Beratung, Verhandlungen, Matching
Abwicklungsphase	**Physische Distribution, Finanzierung, Zahlungsverkehr, Risikoübernahme**

Darstellung 1 - Transaktionsphasen (vgl. Clement 2013, S. 260)

Diese Arbeit beschäftigt sich aus Gründen der Übersichtlichkeit vorrangig mit Intermediation in der Abwicklungsphase, auch wenn es im System einer Kryptowährung ebenfalls zu Intermediation in anderen Phasen kommt.

Die Europäische Zentralbank hat in ihrer Analyse 2015 zu virtuellen Währungen unterschiedliche Arten, wie Dienstleistungen im Zahlungsverkehr aussehen können, festgehalten. (ECB, 2015):

Generell kann bei dezentralisierten Kryptowährungen eine Einheit Geld nicht einfach von Person A zu Person B geschickt werden, indem sie von Kontoguthaben A abgezogen, und dem Kontoguthaben B gutgeschrieben wird. Um eine Zahlung zu initiieren muss der Zahler eine Transaktionsanweisung geben. Die Anweisung geht an die *Miner*, welche sämtliche Transaktionsanweisungen bündeln und überprüfen, ob jeweils ausreichend Guthaben dafür verfügbar ist.

Mining ist eine unverzichtbare Form von Intermediation im Ökosystem der Kryptowährung. Inzwischen gibt es einige, kommerzielle Unternehmen, die in diesem Bereich tätig sind und dafür große Server-Parks betreiben (Bsp.: Genesis-mining.com).

Außerdem gibt es Transaktionsdienstleister die den Händlern bei Zahlungserhalt eine unmittelbare, fixierte Konversion von Kryptowährung in Währung X anbieten (Bsp.: bitpay.com). Der Händler hat dadurch den Vorteil die Risiken der Kursschwankungen von Kryptowährungen zu umgehen. Allerdings werden durch den Service monatlich festgesetzte Gebühren fällig.

Ein anderes Geschäftsmodell ist die länderübergreifende Überweisung von Beträgen (Bsp.: goabra.com). Eine bestimmte Menge Geld der Währung X wird in einem Land bspw. in Bitcoin getauscht, anschließend über das Bitcoin-Netzwerk ins Ausland geschickt und dort vom Empfänger wieder in die dortige Währung umgewandelt. Der Service-Anbieter arrangiert jeweils die Ein- und Auszahlung. Im Vergleich zu Banken spart sich der Nutzer hohe Gebührensätze.

1.4. Allgemeine Erschwernisse bei Kryptowährungen

1.4.1. Koordinationsprobleme

Auch aufgrund der dezentralen Organisationsstruktur innerhalb der Währungssysteme, gestaltet sich die Durchsetzung von gemeinsamen Regeln, Standards oder Richtlinien sehr schwierig. Im Gegensatz zu anderen

Ökosystemen, wie z.b. der Automobilwirtschaft in modernen Industriestaaten, gibt es keine Institutionen (wie bspw. Bundesverkehrsministerium, TÜV etc.), die die hoheitliche Legitimation haben, Regelrahmen zu entwerfen oder durchzusetzen.

Vielmehr haben viele Staaten kein klares Konzept, wie sie Kryptowährungen auf politischer Ebene einordnen oder regulieren wollen. Tendenziell stehen diese im Verdacht, illegalen Handel und Geldwäsche zu vereinfachen. Sie werden daher kritisch beäugt (vgl. Europäisches Parlament, 2016). Auch von einer weltweiten, politischen Koordination ist man weit entfernt. Es geht zwar entgegen den philosophischen Prinzipien dezentraler Kryptowährungen, doch viele Stimmen fordern stärkere Regulierung. Man erhofft sich dadurch das öffentliche Vertrauen dafür stärken zu können (vgl. Kops, 2015).

Eine weitere Auswirkung der mangelnden Koordination ist die hohe Volatilität, welche viele Interessierte vor einer Nutzung abschrecken könnte. Bei Bitcoin gab es Kursschwankungen bis zu 40% an nur einem Tag (vgl. bitcoin charts, 2013). Gegen dieses Problem ist keine autoritäre Instanz vorgesehen, die Mechanismen einführt, um das zu verhindern.

1.4.2. Unkenntnis und Misstrauen

Statistiken und Umfragen belegen, dass Kryptowährungen noch weit davon entfernt sind, von der breiten Bevölkerung als Zahlungsmittel akzeptiert zu werden.

Im Jahr 2013 hatten laut einer Forsa-Umfrage gerade einmal 15% aller Deutschen von einer digitalen Internetwährung gehört. (vgl. Seeger, 2013).

Bitcoin als verbreitetste Internetwährung, war im Jahr 2014 bereits zu etwa 25% in der Bevölkerung bekannt, unter Smartphone-Nutzern hatten etwa 45% davon gehört. (vgl. Knippelmeyer, 2014)

Doch generell sind viele Deutsche gegenüber innovativen Bezahlverfahren skeptisch eingestellt. Die Bundesbank ermittelte 2014, dass etwa ein Drittel der Deutschen die Nichtnutzung mit der Auffassung begründete, dass sie innovative Bezahlmethoden als zu unsicher einschätzen. (Bundesbank, 2014)

Eine andere Studie aus dem Jahr 2014 beschränkte sich auf die Haltung zu Bitcoins: Sie ermittelte, dass zwar 26% der Bevölkerung und 34% der Smartphone-Nutzer Bitcoins kennen, sich aber nicht vorstellen können, diese zu nutzen. Der Anteil derjenigen, die Bitcoins kannten und auch nutzen würden, befand sich im einstelligen Prozentbereich. Dies kann als fehlendes Vertrauen in die neue Währung interpretiert werden (vgl. Scholz, 2014).

Die tendenziell ablehnende Haltung mag vermutlich durch negative Schlagzeilen in der Presse befeuert werden. Als Beispiel kann eine Plattform angeführt werden, die 2014/2015 große mediale Aufmerksamkeit erhielt. Silk Road galt als größte Plattform im Internet, um illegale Aktivitäten aller Art anonym durchzuführen. Darunter Drogenhandel, Waffenhandel oder illegale Pornographie. Dies war nur durch die Nutzung von Kryptowährungen möglich, da die Händler und Käufer im Zahlungsverkehr durch verschiedene Sicherheitsmaßnahmen nicht identifizierbar waren. Doch die Betreiber der Plattform konnten nach längeren Ermittlungen schließlich lokalisiert und festgenommen werden. Dennoch entstanden kurz danach weitere Plattformen ähnlicher Art.

Häufiger sind in den Medien Mitteilungen über extreme Kursschwankungen bei Bitcoin zu lesen. Was einerseits spannend für Währungsspekulanten sein mag, andererseits verunsichernd für Nutzer ist, welche das virtuelle Geld als Wertaufbewahrungs- oder Zahlungsmittel betrachten. Denn risikoaverse Investoren lassen sich durch hohe Volatilität tendenziell abschrecken (vgl. Maisborn, 2000).

1.4.3. Konkurrenz durch andere Bezahlmethoden

Während sich Kryptowährungen im internationalen Zahlungsverkehr trotzdem zunehmender Beliebtheit erfreuen, ist von einem alltäglichen, lokalen Gebrauch noch lange nichts zu sehen. Etwa 52% der Kunden im Einzelhandel zahlen mit Bargeld. Zweit beliebteste Methode ist mit 40% Anteil die Zahlung mit Karte. Erst an letzter Stelle werden in der vom EHI Retail Institute erhobenen Statistik sonstige Zahlungsmethoden genannt, wie bspw. „mobiles Zahlen", welches sich auf einen Anteil von 0,6% beschränkt. Da das Geld von Kryptowährungen in digitalen Wallets auf dem Smartphone gelagert sind, zählt dies zur Kategorie „mobiles Zahlen" hinzu. Demzufolge haben Kryptowährungen kaum Relevanz im Einzelhandel (vgl. Handelsblatt, 2015).

Eine andere Umfrage aus dem Jahr 2013 in Deutschland sollte die Haltung von Befragten (mit Kenntnis von Bitcoin) offenbaren, ob sie bereit sind Bitcoin als Bezahlung anzunehmen. Über 34 % konnten sich dies vorstellen. Immerhin 41% wären bereit, mit Bitcoin zu zahlen (vgl. Tomorrow Focus Media, 2013).

Doch auch im aktuellen Bericht der Europäischen Zentralbank über virtuelle Währungen zeichnet sich, im Vergleich zu anderen etablierten Bezahlsystemen, eine eher schwache Marktdurchdringung der beliebtesten Kryptowährung Bitcoin ab:

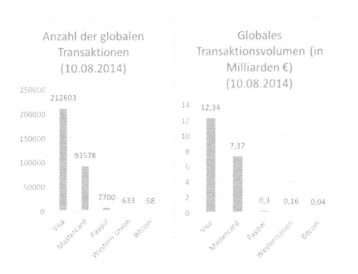

Darstellung 2 – Globale Transaktionen (vgl. ECB 2013, S.17)

1.4.4. Nachteile des proof-of-work

Die meisten dezentralisierten Kryptowährungen (bspw. Bitcoin, Litecoin, Nameecoin) nutzen das bereits in Abschnitt 1.1 erläuterte *proof-of-work*-System, um Transaktionen zu verifizieren. Die Verifikationsdauer spielt im Onlinehandel meist eine untergeordnete Rolle, da es dauert bis der Prozess der Auslieferung des physischen Gutes in Gang gesetzt wird. Doch bei Zahlungen im Alltag, die direkt an der Ladentheke stattfinden, kann die lange Bestätigungsdauer zum Problem werden. Der Zahlungsempfänger kann sich der Gültigkeit der Zahlung erst sicher sein, nachdem diese vom Netzwerk mehrfach bestätigt wurde. Die Wartezeit und Unsicherheit bis zur endgültigen Bestätigung, könnte für potenzielle Nutzer abschreckend wirken. Zudem ist eine in der Blockchain integrierte Transaktion unwiderruflich. Eine Buchung kann wie bei der Kreditkarte nicht einfach wieder zurückgebucht werden. Der Händler muss eine separate Rückzahlung schicken, um die Transaktion nichtig zu machen.

1.5. Zwischenfazit

Offensichtlich bietet die Blockchain-Technologie trotz einiger Hemmschuhe viel Potenzial für Verbesserungen im Zahlungsverkehr. Insbesondere verringerte Transaktionskosten können für den Handel ein überzeugendes Argument sein. Doch die Technologie ist jung und hat Probleme, die sich negativ auf die Akzeptanz vieler Nutzer auswirken. Doch Fehler und Schwachstellen sind bei den meisten innovativen Entdeckungsprozessen unvermeidbar. Um zum Beispiel der Autoindustrie zurückzukommen: Wie viele Verkehrsunfälle seit Erfindung des Autos mussten passieren, bis allgemeine Sicherheitsstandards eingeführt wurden?

Man sieht anhand der wachsenden Zahl neuer Kryptowährungen, wie groß der Wille ist, die Makel von Bitcoin zu beheben und die Technologie weiterzuentwickeln. Trotz zahlreicher Rückschläge und medialer Seitenhiebe, gibt es eine weltweite Community, die es sich zur Aufgabe gemacht hat, dezentrale, virtuelle Währungssysteme zu etablieren. Ein System, welches ganz ohne Intermediäre auskommen kann, wird wohl technisch nie ganz umsetzbar sein, da Plattform-Anbieter eines zweiseitigen Marktes, welcher Käufer und Verkäufer verbindet, wesentlich zu dessen Effizienz beitragen. Stattdessen sollte nach Ansätzen gesucht werden, wie Intermediäre zur Stabilität der Architektur und gleichzeitig zu Popularität in der Bevölkerung beitragen könnten.

Doch bevor auf die Chancen eingegangen wird, sollen die konkreten Risiken die sich durch Intermediation bei Kryptowährungen ergeben, im nachfolgenden Abschnitt genauer erläutert werden.

2. Probleme und Gefahren durch Intermediation bei Kryptowährungen

2.1. Unsicherheit der Plattformen

Das Ökosystems von Kryptowährungen ist nicht nur abhängig von einer IT-Infrastruktur, sondern auch von der Existenz verschiedener Anbieter, die die Nutzung des virtuellen Geldes erst ermöglichen. Darunter gibt es:

- **„Wallet"-Anbieter** bieten digitale Geldbörsen an, die es den Nutzern ermöglichen, die kryptographischen Schlüssel ihrer Währung aufzubewahren, damit Zahlungen zu initiieren und die Transaktionshistorie aufzuzeigen.
- **Tauschbörsen** bieten den Nutzern die Möglichkeit, reale Währungen (Euro, Dollar, Yen etc.) gegen Kryptowährungen zu tauschen, sowie Kryptowährungen gegen andere Kryptowährungen.
- Dienstleister zur **Zahlungsabwicklung**
- Etc.

Manche Anbieter bündeln mehrere dieser Dienste, mit dem Ziel, den Nutzern einen bequemeren Umgang zu bieten. Das Problem dabei ist, dass die Nutzer sämtliche Interaktionen im Netzwerk über einen Anbieter machen, was unter Umständen zur Gefahr werden kann. Prominentestes Beispiel ist der Fall von Mt. Gox, der 2014 in den Medien viel Aufmerksamkeit bekam. Mt. Gox war eine Tauschbörse, bei der Bitcoins gehandelt und in firmeneigenen Wallets gelagert werden konnten. Die Plattform war in der Bitcoin-Welt so beliebt, dass zeitweise bis zu 80% der weltweiten Bitcoin-Handelsaktivitäten über Mt. Gox abgewickelt wurden (vgl. Trautman, 2014).

Am 28.2.2014 stellte Mt. Gox Antrag auf Gläubigerschutz. Es waren 750.000 Bitcoins an Kundeneinlagen und 100.000 Bitcoins aus dem Eigentum des Unternehmens entwendet worden. Dies entsprach zu dem damaligen Zeitpunkt einem Wert von etwa 470 Millionen USD (vgl. Sidel, Warnock, & Mochizuki Takashi, 2014).

Neben mehreren Hacking-Angriffen auf die Plattform, konnten Behörden herausfinden, dass es interne Manipulationen gegeben hatte, die den Diebstahl von Bitcoins erst ermöglichten. Egal ob durch Hacking-Angriffe, opportunistisches Verhalten obskurer Anbieter oder Software-Fehler - es gibt meist keinen zentralen Garanten für die Sicherheit im System.

2.2. Teilweise Verlust der Anonymität

Viele Wallet-Anbieter verlangen aufgrund lokaler, gesetzlicher Bestimmungen einen Identitätsnachweis der Nutzer. Damit sollen illegale Aktivitäten, wie Geldwäsche oder Drogenhandel, leichter verfolgt oder unterbunden werden können. Regierungen oder andere Organisationen könnten Intermediäre dazu zwingen Nutzerdaten herauszugeben, um verdächtige Personen zu überführen. Wer im Zahlungsverkehr wirklich verdeckt bleiben möchte, muss dies mit einem vergleichsweise hohen Aufwand tun (vgl. bitcoin.org, 2016).

2.3. Transaktionsgebühren

Da Zahlungen erst durch das System bestätigt werden müssen bevor sie beim Empfänger gesichert sind, entsteht ein Kostenaufwand, der sich durch die dafür erbrachte Rechenleistung begründen lässt. Die Miner, die diese Leistung erbringen, erhalten einerseits eine Entschädigung durch Erhalt von neuem Kryptogeld, andererseits besteht die Möglichkeit Transaktionsgebühren zu erheben. Wer als Zahlungssender eine Transaktionsgebühr für den Miner hinzufügt, wird bei der Abwicklung bevorzugt behandelt. Bei Bitcoin beträgt der Anteil, der durch Transaktionsgebühren gewonnen wird, zurzeit etwa 1,5% am Mining-Gewinn (Bitcoin.info, 2016).

Aber an einer Transaktion können noch weitere intermediäre Dienste beteiligt werden, wenn der Prozess schneller, benutzerfreundlicher oder sicherer gemacht werden soll.

Doch jeder dieser daran beteiligten Dienstleister wird eine Gegenleistung einfordern, die monetärer oder nicht-monetärer Art (bspw. Nutzerdaten) sein kann.

Dadurch können sich die jeweiligen Transaktionskosten auf einen Betrag akkumulieren, der nicht zur Annahme passt, mit Kryptowährungen kostenlos Geld verschicken zu können.

2.4. Gefahr der >50%-Attacke

Die Idee hinter Bitcoin und ähnlichen Kryptowährungen, setzt die Voraussetzung, dass sich Rechenkapazität der Miner im Netzwerk dezentral verteilt. Durch die Bestätigung von mehreren Minern über die Gültigkeit einer Transaktion soll ein Konsens über den rechtmäßigen Verlauf der Blockchain gewährleistet sein. Je mehr Rechenkapazität ein Miner, bzw. Mining-Pool (Zusammenschluss aus Minern) im Netzwerk anteilig hat, desto mehr untergräbt er die Machtverteilung bei der Verifikation. Wenn er über 50% der gesamten Rechenkapazität beiträgt, hat er aufgrund des einhergehenden dominierenden Stimmrechts, die Möglichkeit den Verlauf der Blockchain zu manipulieren. Dies erlaubt ihm die Aushebelung der Integrität und Kontrollübernahme über die Kryptowährung.

Dieser Fall ist bei Bitcoin bisher noch nicht eingetreten, doch die Gefahr eines Verbunds der größten Mining-Pools, ist nicht ausschließbar. Derzeitig tragen die drei größten Mining-Pools 57% der gesamten Rechenkapazität bei. Darunter F2Pool (22%), AntPool (21%) und BTCC Pool (14%) (Blockchain.info, 2016). Diese potenzielle Machtkonzentration widerspricht dem proklamierten Grundsatz der Dezentralität von Kryptowährungen. In letzter Konsequenz ist der Nutzer also wieder der Gefahr ausgeliefert, abhängig von einem oder mehreren Intermediären zu werden.

3. Einbettung in die Netzwerkökonomik

Prinzipiell können sich Käufer und Verkäufer auf jede Art von Medium als Geld (egal ob physisch greifbar/virtuell, reguliert/dereguliert) einigen, wenn sie einen Handel eingehen. Inzwischen besteht auch die Option auf Kryptowährungen als Zahlungsmittel zurückgreifen, vorausgesetzt beide Parteien sind damit einverstanden. Aber generell besteht das Grundproblem dieses Marktes, dass es einer kritischen Masse auf beiden Seiten bedarf, damit das System funktioniert. Für neue Bezahlsysteme ist es daher inhärent, genügend Händler und Kunden zu akquirieren, die bereit sind, selbiges zu nutzen. Ein vorhandenes Netzwerk aus Nutzern macht das System auch für weitere Nutzer attraktiver, sodass es zu selbstverstärkenden Netzeffekten kommt.

3.1. Kryptowährungen als „zweiseitige Märkte"

Die Theorie der zweiseitigen Märkte gewann Anfang der 2000er wieder an Aufmerksamkeit und wurde insbesondere durch Rochet & Tirole bekannter. Zweiseitige Märkte, bzw. Plattformen liegen vor, wenn ein Intermediär mindestens zwei Gruppen von Nachfragern und Anbietern verbindet, sodass zwischen diesen Transaktionen stattfinden können (vgl. Rochet & Tirole, 2003). Zweiseitige Märkte basieren im Wesentlichen auf indirekten Netzeffekten. Die Herausforderung für Intermediäre besteht darin, beide Marktseiten ins Boot zu holen.

3.2. Direkte Netzeffekte

Der direkte Netzeffekt basiert auf dem Sachverhalt, dass jeder zusätzliche Nutzer innerhalb des Netzwerks, die Anzahl möglicher Verbindungen erhöht. Die Erweiterung des Netzes bedeutet damit eine Nutzenerhöhung für alle Akteure.

3.3. Indirekte Netzeffekte

Indirekte Netzeffekte entstehen nicht direkt durch die Nutzung der Kryptowährung, sondern durch die Nutzung darauf basierender Dienste.

Der Nutzen des Systems kumuliert sich aus <u>allen</u> Komponenten, bzw. aus Teilnehmern, komplementären Produkten und Dienstleistungen. Beispiel: Je mehr Händler die Bezahlung mit Bitcoins akzeptieren, desto lohnender ist es für Kunden, sich eine Wallet mit Bitcoins zuzulegen. Je mehr Kunden Bitcoin-Wallets besitzen und nutzen wollen, desto mehr Verkäufer werden diese Bezahlart annehmen, schließlich profitieren alle von niedrigeren Transaktionsgebühren. Die Wallet leistet also damit einen Beitrag zur Nutzensteigerung von Bitcoins.

3.4. Kritische Masse

Die Kritische Masse wird in der wirtschaftswissenschaftlichen Literatur nicht genau definiert, gilt aber i.A. als Untergrenze einer Netzwerkgröße, ab der es sich entscheidet, ob es zu einer Marktdurchdringung kommt oder nicht. Schreiber et al. formuliert Tendenzaussagen hinsichtlich der kritischen Masse, die sich unabhängig von Zahlenwerten treffen lassen:

- „Ohne eine hinreichende Zahl von Marktteilnehmern besteht unabhängig von einem Basisnutzen wenig Anreiz ein Netzwerkgut zu kaufen.
- Die Überwindung des Start-up Problems hängt direkt mit der Zahlungsbereitschaft der potentiellen Nutzer zusammen. Gegebenenfalls sollte der Preis (*Anm.: c.q. Transaktionsgebühren*) subventioniert werden.
- Kontinuierlich sinkende Preise können dazu führen, dass potentielle Kunden sehr lange mit dem Kauf warten *(Anm.: c.q. warten Kunden unter Umständen mit der Auswahl eines Zahlungsabwicklers, da die Konkurrenzsituation diese zur kontinuierlichen Senkung der Transaktionsgebühren zwingt)*.
- Probleme der Marktdurchdringung können durch Absprachen oder internationale Gremien gelöst werden (z.B. Vorgabe von Standards) *(mehr dazu in Abschnitt 4.1.1.)* (Clement & Schreiber, 2013, S.151) .

3.5. The winner takes it all

Clement et al. betrachten die kritische Masse in einem Netzwerkmarkt als ein Ungleichgewichtszustand, der sich beeinflussen lässt. „Studien sprechen dafür, die Penetrationsstrategie zu wählen, um das Start-up Problem der kritischen Größe zu überwinden und relativ früh ein großes Maß an Marktdurchdringung zu erreichen." Für Unternehmen, die als Intermediär in einem Ökosystem einer Kryptowährung fungieren, bedeutet dies ihre Kundenbasis so schnell wie möglich auszubauen, bzw. Marktanteile zu erobern.

Da die Plattformen innerhalb des Netzwerkes nicht von der Konkurrenz abgehängt werden wollen, investieren sie viel in die Verbesserung ihres Angebots, wodurch die Nutzung attraktiver wird. Letztendlich hat das eine erhöhte Marktdynamik zur Folge, bei der sich i.d.R. Lösungen herauskristallisieren, die am ehesten den Bedürfnissen der Nutzer entsprechen. Clement et al. führt weiter aus, dass ein wechselseitiger Vorteil allein aus der bloßen Größe der erfolgreichsten Plattform-Anbieter entsteht, weil „in der Regel auch das Angebot z.B. an komplementären Leistungen für die Nutzer vielseitiger wird. Es kann zu Wohlfahrtsgewinnen kommen."

Je beliebter eine Plattform wird, desto mehr zusätzliche Nutzer zieht sie an, bis sie schließlich die Konkurrenz aus dem Markt drängt. Entsprechende Entwicklungen ließen sich bei sozialen Netzwerken beobachten, nämlich als Facebook ähnlichen Plattformen wie MySpace, StudiVZ etc. zunehmend verdrängte und dadurch Quasi-Monopolist wurde – The winner takes it all. Doch wie im Falle Mt. Gox (ehem. Bitcoin-Tauschbörse) geschehen, bieten Plattformen mit dominierender Marktstellung auch mehr Angriffsfläche für Attacken von innen und außen. Die Folge des Angriffs aus dem Jahr 2014 war bekanntlich die Insolvenz des Anbieters und ein massiver Vertrauensverlust in das Ökosystem von Bitcoin.

3.6. Vermittlungseffizienz durch Intermediäre

Ein einfaches Beispiel soll die Vorteilhaftigkeit von Intermediären auf zweiseitigen Märkten verdeutlichen. Transaktionskosten werden reduziert, wenn Intermediäre die Kontakte zwischen Anbietern (n) und Nachfragern (m) bündeln (Baligh & Richartz, 1964):

Ohne Intermediation: n x m

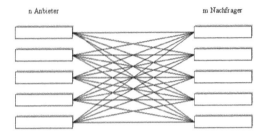

Mit Intermediation: n + m

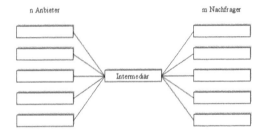

Kontakte	
Ohne Intermediation	3 x 3 = 9
Mit Intermediation	3 + 3 = 6
Ersparnis	3 x 3 – (3 + 3) = 3

Darstellung 3 - Vorteilhaftigkeit der Intermediation (vgl. Clement 2013, S. 261)

Intermediäre können also durch Bereitstellung einer Plattform wesentlich zur Reduktion der allgemeinen Transaktionskosten beitragen. Die Betriebskosten der Plattform werden i.d.R. durch Gebühren gedeckt, welche im Falle der Kryptowährungen Transfergebühren sein können.

3.7. Nutzerakzeptanz

Der Erfolg von neuen Technologien ist nicht nur von der Verfügbarkeit darauf
basierender Produkte/Dienstleistungen abhängig, sondern auch von ihrem
Nutzungsgrad. Doch bevor eine neue Technologie genutzt wird, muss sie durch
den Nutzer angenommen, bzw. akzeptiert werden. Die Akzeptanz durch den
Nutzer bedeutet noch lange nicht, dass sie auch genutzt wird. So kann es
aufgrund technischer Gegebenheiten sein, dass ein potenzieller Nutzer zwar
bereit ist, mit einer Kryptowährung zu zahlen, aber keine Endgeräte zur
Verfügung stehen, um Transaktionen auszuführen. Um den Begriff der
Akzeptanz in diesem Kontext genauer einzuordnen, unterscheidet Clement et al.
3 Ebenen:

- Auf der Einstellungsebene (vor der Nutzung) geht es um die
  Bildung einer Verknüpfung von Wert- und Zielvorstellungen mit
  einer Handlungsbereitschaft zur Kauf- und
  Nutzungsentscheidung.
- Auf der Handlungsebene (Übernahme) kommt es zur aktiven
  Nutzung Umsetzung der Bereitschaft in Form eines freiwilligen
  Kaufs.
- Auf der Nutzungsebene (bei der Nutzung) wird die geplante
  Nutzungsintensität umgesetzt oder den realen Gegebenheiten
  angepasst (vgl. Clement & Schreiber, 2013, S.141).

Wie bereits durch Abschnitt 2.2. und 2.3. angedeutet, lassen sich die meisten
Befragten in Deutschland zur Einstellungsebene zuordnen. Ein Großteil lehnt
die Nutzung ab, weswegen es unter diesen Umständen nicht zum nächsten
Schritt auf die Handlungsebene kommt.
Doch erst die Nutzungsintensität der Technologie bestimmt die Wertschöpfung.
Wie bereits erwähnt, basiert der Erlös eines Intermediärs i.d.R. auf
Transaktionsgebühren. Um die Akzeptanz und Nutzung des Kryptogeldes zu
„subventionieren", stellen die meisten Wallet-Anbieter ihre Plattform deshalb
gratis zur Verfügung, obwohl dies zunächst mit Kosten einhergeht. Diese
Kosten sollen in der Nutzungsphase wieder reingeholt werden.
Die Akzeptanzforschung hat das Ziel zu ermitteln, welche Faktoren relevant
sind um potenzielle Nutzer auf die nächsthöhere Interaktions-Ebene zu heben.

Es gilt als Optimum, wenn die Nutzer einen selbstverständlichen, alltäglichen Gebrauch von der Technologie machen.

3.7.1. Adoption

Die Adoption ist die Übernahme einer innovativen Technologie durch ein Individuum. Die Übernahme und Nutzung einer neuen Technologie beruht auf individuellen Entscheidungen. Ein bekannter Ansatz zur Darstellung von Einflussfaktoren stammt vom Soziologen E.M. Rogers. Er unterteilt den Adoptionsprozess in 5 Phasen:

I. Wahrnehmung: Die Wahrnehmung des Produktes, lässt sich nach Rogers weiter durch produktbezogene Faktoren beeinflussen:

-   Relativer Vorteil: Welche technischen/ ökonomischen Vorteile habe ich gegenüber dem bisherigen Produkt?
-   Investitionssumme: Wieviel bezahle ich für das Produkt bei Kauf und Implementierung?
-   Komplexität: Wie verständlich ist die Innovation?
-   Möglichkeit zum Ausprobieren: Kann ich das Produkt testen, bevor ich dafür zahle?
-   Beobachtbarkeit: Sind die Verbesserungen der Innovation für mich ersichtlich?
-   Kommunizierbarkeit: Inwiefern sind die Verbesserungen für andere wahrnehmbar?
-   Risikobereitschaft: Welche finanzielle, technischen und sozialen Risiken erwarten mich?

Die Wahrnehmung ist durch Eigenschaften des Adopters geprägt, wie z.B. Alter, Beruf, Bildungsniveau, Risikobereitschaft etc.

I. Meinungsbildung basiert auf den verschiedenen Einflussfaktoren der Wahrnehmung. Hier entscheidet sich, ob es zu einer negativen oder positiven Grundhaltung kommt. Bei Interesse am Produkt kommt es zur Entscheidung.

II. Entscheidung: Das Individuum steht vor der Wahl: Adoption oder Rejektion

III. Implementierung: Die Innovation wird installiert. Die Absicht sie zu nutzen, wird verwirklicht.

IV. Bestätigung: Nach der Implementierung kann es immer noch zu einem Abbruch kommen, wenn festgestellt wird, dass die Innovation nicht den Erwartungen entspricht. Andernfalls wird sie weiter genutzt (vgl. Rogers, 2003).

3.7.2. Diffusion

Diffusion beschreibt „den Prozess der raum-zeitlichen Ausbreitung einer Innovation im sozial-räumlichen System." (vgl. Neumeier & Haas, 2016) Wie in Absatz 3.7.1.-I. beschrieben, unterscheiden sich potenzielle Nutzer in ihren sozialen Eigenschaften, weswegen es zu zeitlich versetzter Adoption von Innovationen kommen kann. In nachfolgendem Schaubild unterteilt Rogers *Adopter* in fünf Gruppen und stellt den jeweiligen prozentuellen Anteil der an der Gesamtheit dar (blaue Kurve). Die gelbe Kurve zeigt die Akkumulierung der Diffusion im zeitlichen Verlauf bis zur Marktsättigung von 100%.

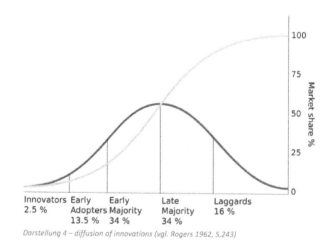

Darstellung 4 – diffusion of innovations (vgl. Rogers 1962, S.243)

Im Modell ist zu sehen, dass Innovatoren und frühe Adopter anteilsmäßig eine Minderheit (16%) darstellen. Bei Netzeffektgütern hingegen, ist die typische

Diffusionskurve (gelb) durch stärkere Linksschiefheit gekennzeichnet, was auf einen verzögerten Verlauf in der Übernahme deutet. Rogers sieht darin die Abhängigkeit der Netzeffektgüter von einer kritischen Masse an Nutzern. Erst wenn diese Masse erreicht wurde, ist auch die Unsicherheit überwunden, ob es zu einer Marktdurchdringung und es sich lohnt die Innovation zu übernehmen. Danach kommt es zu exponentiellem Wachstum bis hin zur allmählichen Sättigung durch Nachzügler. *„The Area oft the diffusion curve after about 10% adoption and up to 20 or 25% adoption ist he heart oft he diffusion process. After that point, it is probably impossible to stop the further diffusion of a new area, even if one wishes to do so"* (Rogers, 2003, S.275).

3.8. Strategien zum Markteintritt auf einem zweiseitigen Markt:

Der Ökonom Evans stellt in seinem Paper „How Catalysts ignite: The Economics of Platform-Based start-ups" mehrere Methoden vor, wie intermediäre Dienstleister die Herausforderung bewältigen können, Kunden und Verkäufer auf den verschiedenen Marktseiten zusammenzubringen. Er empfiehlt, dass „Unternehmer eine kritische Masse erreichen müssen, um Wachstum anzustoßen; das Versagen der Erreichung einer kritischen Masse führt zur Implosion der Plattform". Um Koordinationsprobleme zu meistern, schlägt Evans diagonale Strategien vor, die es erleichtern beide Marktseiten im richtigen Verhältnis zusammenzubringen (Evans, 2009). Er geht dabei von der Annahme aus, dass ein Geschäftsmodell dann als „economic catalyst" dient, wenn es ein Mehrwert für zwei oder mehr Gruppen bringt, und zwar indem es sie zusammenbringt und Interaktionen zulässt.

A. „The basic zig-zag"

Eine Strategie, die die kritische Masse durch stufenweisen Aufbau beider Marktseiten erreicht. Die Plattform startet mit einer kleinen Anzahl an Teilnehmern auf beiden Seiten. Danach sollen weitere Akteure von der Teilnahme überzeugt werden, sodass der Prozess, der in Abschnitt 3.7.2. erwähnten Diffusion, angestoßen wird. Aufgrund indirekter Netzeffekte wird die Plattform abwechselnd immer attraktiver für die jeweils andere Marktseite. Das Wachstum kann zum Selbstläufer werden.

Beispiel: Ein Wallet-Anbieter und gleichzeitig Zahlungsabwickler für Bitcoin-Zahlungen überzeugt einen Pizzabäcker von der Vorteilhaftigkeit seiner Plattform, indem er ihm die monetäre Ersparnis im Vergleich zur herkömmlichen Kartenzahlung zeigt. Um sich von der Konkurrenz abzusetzen, überträgt der Pizzabäcker die niedrigeren Transaktionskosten auf den Preis der Pizzen. Gleichzeitig bewirbt der Plattform-Anbieter in sozialen Medien den Umstand, dass der neu akquirierte Pizzabäcker nun Bitcoins annimmt und billigere Sonderangebote für Bitcoin-Zahler anbietet. Er erreicht dadurch das Interesse von sog. „early adopters", welche anfänglich erste Bestellungen in Bitcoins zahlen. Dies erweckt die Aufmerksamkeit von anderen Pizzalieferdiensten, da sie ebenfalls von reduzierten Transaktionsgebühren und zusätzlicher Nachfrage profitieren möchten. Sie werden ebenfalls Bitcoin Zahlungen annehmen, was zur Folge hat, dass sich immer mehr interessierte Kunden Bitcoins zulegen und die Plattform des Intermediärs nutzen, um die Zahlung der Bestellungen abzuwickeln.

B. „Pre-commitment to both sides"

Für gewöhnlich benötigt man mehrere Teilnehmer auf beiden Seiten um den oben beschriebenen Zig-Zag Prozess anzustoßen. Es müssen ein paar wenige „early adopters" überzeugt werden, vor Start der Plattform für das neue Zahlungssystem bereit zu sein. Es sollte vor Beginn glaubhaft gemacht werden, dass es eine jeweils andere Marktseite gibt, die die Zahlungsart akzeptiert. Evans zieht als Beispiel die Einführungsstrategie des Kartenanbieters „Diners Club" heran: Diners Club überzeugte 1950 vor Start etwa 14 Restaurants und ein paar Hundert Menschen in Manhattan von der neuen Zahlungsmethode mit Karte. Offensichtlich bot die Karte einen Mehrwert, denn bis Ende der 50er-Jahre entstand ein selbsterweiterndes Netzwerk von 330 Restaurants und 42.000 Kartenbesitzer.

C. „Single and Double-Marquee Strategien"

Bei einer Single-Sided Marquee Strategie, bzw. der Strategie eines Aushängeschildes auf einer Marktseite, akquiriert der Plattform-Anbieter einen einflussreichen Meinungsführer. Dieser kann ein Prominenter sein, der große mediale Aufmerksamkeit genießt. Dessen Status und Glaubhaftigkeit verstärkt das Vertrauen in die Plattform und kann Interessenten auf der anderen Marktseite von der Adoption überzeugen.

Bei der Double-Marquee Strategie hat der Plattform-Anbieter bekannte Namen auf beiden Marktseiten. Bei einem Zahlungsabwickler für Bitcoin wäre als Werbemaßnahme beispielsweise ein berühmter Kunde auf der einen Seite und ein prominentes Geschäft auf der anderen Seite denkbar.

D. „The Two Step"

Zunächst soll eine gewisse Anzahl an Teilnehmern auf der einen Marktseite überzeugt werden, damit sich die andere Seite durch die hohe Adoptionsrate ebenfalls überzeugen lässt. Wenn bspw. ein Wallet-App-Anbieter zur Lagerung von Bitcoins besonders viele Kunden hat, könnte er sein System um die Funktion der Zahlungsabwicklung erweitern. Er hat damit eine große Basis an potenziellen Zahlern, was für Verkäufer als Argument gelten kann, Bitcoins als Zahlung zu akzeptieren.

E. „Zig-Zag with self-supply"

Eine weitere Option zur Erweiterung des Netzwerks ist es, sich nicht nur als Plattform-Anbieter, sondern auch als Akteur auf einer Marktseite zu positionieren. Damit kann ein Angebot-/Nachfragesog auf der anderen Seite generiert werden.

Beispiel: Eine Tauschbörse von Kryptowährungen tritt auf ihrer Plattform als verdeckter Bitcoin-Verkäufer mit einem hochattraktiven Angebot auf, welches die Aufmerksamkeit potenzieller Käufer aus dem Internet anzieht. Die Käufer bleiben auf der Plattform, in der Erwartung ähnliche Angebote zu finden. Durch die höhere Zahl an potenziellen Nachfragern, entsteht für andere Verkäufer ein Anreiz, diese Plattform ebenfalls als Tauschbörse zu nutzen.

4. Intermediation als Katalysator

Nun da ein theoretisches Fundament aus verschiedenen Aspekten der Netzwerkökonomie konstruiert wurde, soll im Folgenden wieder die Verbindung zur Praxis hergestellt werden. Dieser Abschnitt wird die Implikationen von verbesserter Intermediation verdeutlichen und die Abgrenzung von Reintermediation und Disintermediation abschließend klären.

Während sich der Zahlungsverkehr mit Kryptowährungen im Internet zunehmender Beliebtheit erfreut, wird der Handel in Binnenmärkten weiterhin durch herkömmlichen Zahlungsmethoden stark dominiert (vgl. Abschnitt 1.4.3.).

Die Vermutung liegt nahe, dass der Internethandel im Bitcoin-Universum bereits eine kritische Masse an Nutzern überschreiten konnte, wenn man die Marktdynamik dieses Ökosystems näher betrachtet. Zahlreiche kleine und große Plattformen konkurrieren um Nutzerzuwächse (vgl. Leichsenring, 2016). Doch die Frage wann, ob und wie es zu großen Markteintritten auf Offline-Märkten kommt, bleibt zunächst offen. Welche Folgen das haben könnte, soll der nachfolgende Abschnitt zeigen.

4.1. Implikationen für die Teilnehmer des Marktes

4.1.1. Standardisierung

Es liegt im Interesse von Nutzern (inkl. Intermediären) gewisse Standards am Markt zu haben, denen alle Marktteilnehmer unterworfen sind. Dadurch kann eine stabile, positive Marktentwicklung erreicht werden, indem opportunistisches Verhalten einzelner Akteure unterbunden wird. Eine Standardisierung kann durch freiwillige Einigung, staatliche Eingriffe oder marktwirtschaftliche Prozesse erfolgen. Standards können bspw. technischer, gesetzlicher, wettbewerbspolitscher Natur sein.

Im Bitcoin-Universum haben sich etliche unabhängige Organisationen hervorgetan, die der Überzeugung sind, dass Kryptowährungen durch Standardisierung durchsetzungsfähiger werden können. In Arbeitsgremien und weltweiten Tech-Konferenzen wird deshalb gemeinsam an Lösungsansätzen gearbeitet. Der frühere Direktor Jon Matonis der Bitcoin Foundation sieht in einer Standardisierung „...an important step towards removing obstacles for mainstream adoption — this is especially true with a technology for financial innovation that is global in reach" (Prisco, 2014). Eine Standardisierung kann demzufolge die Ausweitung des Marktes begünstigen.

4.1.2. Erhöhung der Benutzerfreundlichkeit

Innerhalb eines dezentralen Kryptowährungssystems gibt es meist mehrere konkurrierende Anbieter von intermediären Diensten. Dazu gehören Währungstauschbörsen, Wallets oder Handelsplätze bei denen physische Güter erworben werden können. Aufgrund der leichten Vergleichbarkeit von ähnlichen Intermediations-Dienste im Internet, ist die Preisdispersion auf diesen Märkten meist gering. Möglichkeiten um sich von der Konkurrenz abzuheben und dem Kunden höhere Zufriedenheit zu bieten, sind deshalb:

- Bequemlichkeit: Der Kunde muss die Möglichkeit haben, seine Vorstellungen von einer bequemen Transaktion einzulösen (bspw. bezogen auf Zeitaufwand, Komfort, Aufwand)
- Produktangebot: Wichtig sind Sortimentstiefe,-breite sowie die Quantität und Qualität der verfügbaren Informationen
- Design/Funktionalität: Da ein „Touch and Feel" nicht möglich ist, spielen z.B. Geschwindigkeit des Seitenaufbaus, Such- und Auswahlfunktion, Verständlichkeit der Menüführung und Komplexität eines Transaktionsvorgangs eine wichtige Rolle.
- Sicherheit bei Abwicklung der Zahlung (vgl. Kollmann, 2007)

All diese Merkmale können die Servicequalität für die Kunden erhöhen, Vertrauen schaffen und gleichzeitig für eine verbesserte Markteffizienz sorgen.

4.1.3. Erschließung peripherer Marktsegmente

Ursprünglich war es das von Satoshi erklärte Ziel, die Dezentralisierung von Geld und Zahlungen im Internet voranzutreiben. Aber die Blockchain-Technologie erlaubt eine ganze Reihe weiterer Anwendungsmöglichkeiten. Diese Arbeit beschränkt sich auf Kryptowährungen und Transaktionen durch Intermediäre, doch zahlreiche Kryptowährungen haben ihr Ökosystem bereits in verschiedenen Bereichen ausgeweitet, deshalb hierzu ein kurzer

Exkurs. Folgende Klassifizierung bietet einen zeitlichen Überblick über die
Ausweitung der Anwendungen:

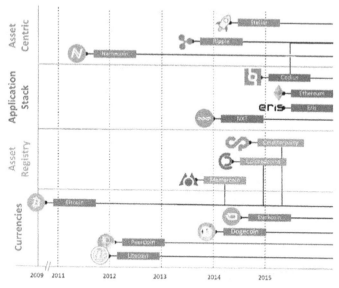

Darstellung 5 – Zeitliche Übersicht (Euro Banking Association 2015, S.5)

Asset Registry: Anwendungen, die in der Blockchain das Eigentumsverhältnis
eines Gutes registrieren, indem ein Kleinstbetrag der Kryptowährung mit
angehängter Notiz verschickt und in der Blockchain eingespeichert wird. Das
Gut hat eine eindeutig identifizierbare Referenz zur eingespeicherten
Information. Wer den privaten Schlüssel zu dieser Eintragung hat, ist auch
Besitzer des Gegenstandes. Somit lassen sich Eigentumsregistrierungen billig
und dezentral durchführen.

Application Stack: Application-Stacks erstellen eine Plattform in einem
dezentralen Rechennetzwerk, worauf Programme laufen, die bspw.
Transaktionsprozesse autonom abwickeln können. Diese Technologie ist noch
im Anfangsstadium, weshalb in der Praxis noch kaum Anwendungen verfügbar
sind. (Euro Banking Association, 2015)

Asset Centric: Asset Centric -Technologie erlaubt es den Nutzern real
existierende Vermögenswerte (Gold, Aktien etc.) mittels einer beliebigen
Kryptowährung zu tauschen. Innerhalb des dezentralen Handelsnetzwerk
können Transaktionen schneller stattfinden, weil die Eigentumsverhältnisse

zunächst digital abgewickelt werden. Der tatsächliche Tausch findet dann über
spezielle Mittelsmänner statt. Ein großer Vorteil gegenüber traditionellen
Börsen ist, dass diese Handelsplattform nicht länder- oder währungsgebunden
ist.

Die Erschließung dieser Bereiche durch Intermediäre erhöht den Nutzen (vgl.
Abschnitt 3.3. „indirekte Netzeffekte") des gesamten Systems. Letztendlich
könnte die Quantität und Qualität entsprechender Dienste zukünftig
entscheidend sein, welche Kryptowährungen sich durchsetzen.

4.2.   Disintermediation vs. Reintermediation

Im vorherrschenden Finanzsystem sind meist mehrere Intermediäre an einer
Transaktion beteiligt, wie zum Beispiel im internationalen Zahlungstransfer. Die
Gebühren für die Beteiligten sind meistens hoch, obwohl der Transfer über die
IuK-Systeme kaum Kosten verursacht. Traditionelle Finanzinstitute haben den
Vorteil, dass sie das Vertrauen der Kunden genießen, derartige Transaktionen
zuverlässig umzusetzen. Doch angesichts der Innovationen des Internets,
geraten klassische Finanzintermediäre in diesem Geschäft zunehmend unter
Zugzwang.

Satoshi Nakamoto erkannte, dass die Transfergebühren im Internet-Handel im
Wesentlichen durch das Vertrauen in den Intermediär gerechtfertigt war. Bitcoin
sollte deren vertrauensbasiertes Monopol auf Zahlungsverkehr attackieren,
indem er ein System schuf, dessen Integrität auf einem kryptographischen
Beweis beruhte, „instead of trust, allowing two willing parties to transact
directly with each other without the need for a trusted third party" (Nakamoto,
2008, S.1). Tatsächlich werden durch sein P2P-System klassische
Finanzintermediäre überflüssig, doch wie schon in Abschnitt 2.1. verdeutlicht,
müssen sich die Teilnehmer auf neue Intermediäre verlassen können, die die
Nutzung überhaupt erst ermöglichen, bzw. vereinfachen. Von einer
Disintermediation kann daher nur bedingt gesprochen werden.

Vielmehr ist der Begriff der Reintermediation zutreffend. Durch das Internet
und der wachsenden Anzahl verschiedener Kryptowährungen, haben sich neue
Geschäftsfelder für sowohl bestehende Finanzinstitutionen, als auch Start-ups
aufgetan. Auch wenn Teile der Wertschöpfungskette im Finanzsystem durch die

Digitalisierung überflüssig werden, wird es weiterhin ein Bedürfnis geben, den Handel während der Transaktionsphasen (Information, Vereinbarung, Abwicklung) zu unterstützen. Insbesondere die Abwicklung ist für Finanzintermediäre ein zentrales Geschäft. Für die Nutzer ändert sich lediglich der Zugang (und evtl. Service-Anbieter) zu diesen intermediären Dienstleistungen, sowie die damit verbundenen Kosten. Voraussetzung für eine Reintermediation ist allerdings, dass sich bestehende Intermediäre auf die Digitalisierung und Anpassung ihrer Dienste einlassen, um nicht von neuen Unternehmen verdrängt zu werden, welche sich bereits positionierten. Ein Beispiel für einen klassischen Finanzintermediär, der Initiative ergreift, liefert die Deutsche Bank, die in Berlin und im Silicon Valley sogenannte Innovation Labs eingerichtet hat. Sie sollen den Austausch von Know-How aus dem traditionellen Finanzgeschäft, mit dem von FinTech-Startups ermöglichen. Die Bank erhofft sich dadurch innovativer zu werden, bzw. sich besser auf veränderte Bedingungen des Markt vorbereiten zu können. Eine Milliarde Euro investiert die Deutsche Bank bis 2020 in die Digitalisierung, darunter mehrere Initiativen im Bereich der Blockchain-Technologie (Deutsche Bank, 2016). Ob sich große, namhafte Firmen wie die Deutsche Bank innerhalb eines Kryptowährungsystems als Finanzdienstleister tatsächlich etablieren werden, bleibt offen. Allein deren Größe, kann aufgrund der kostenintensiven Strukturen (im Verhältnis zu verringerter Transaktionseinnahmen) zum Problem werden und deren Konkurrenzfähigkeit schmälern.

5. Fazit

Kryptowährungen sind im Grunde genommen nichts anderes als ein Substitut realer Währungen, außer dass sie ein anderes Medium (wie das von Zentralbanken verteilte Geld) nutzen. Der große Vorteil der Nutzung von virtuellem Geld besteht darin, klassische Finanzintermediäre zu umgehen und dadurch Transaktionskosten zu sparen. Während sich die Zahlung mit Bitcoin und anderer Kryptowährungen im Internethandel zunehmender Beliebtheit erfreut, ist diese Zahlungsart vom alltäglichen Gebrauch noch weit entfernt. In Deutschland ist vorwiegend eine skeptische Haltung verbreitet, was die niedrige Adoptionsrate erklären mag. Dies kann einerseits durch mangelndes Vertrauen, Komplexität oder starker Konkurrenz anderer Bezahlsystem begründet sein, andererseits bieten diese Probleme eine Chance für Unternehmen, sich mit entsprechenden benutzerfreundlicheren Lösungen am Markt als First Mover zu etablieren. Die große Herausforderung besteht darin, die Händler und Kunden von der Nutzung des virtuellen Geldes zu überzeugen und ihnen die Vorteile gegenüber anderen Bezahlungssysteme zu verdeutlichen.

Zwar müsste das Ideal eines Zahlungsverkehrs ohne Intermediation teilweise verworfen werden, doch dadurch kann sich die Möglichkeit bieten, rasanteres Nutzerwachstum der Kryptowährungen voranzutreiben.

Diese Arbeit zeigt verschiedene Aspekte der Netzwerkökonomik als Erklärung für die Dynamik des Marktes innerhalb von Kryptowährungen. Es soll klargemacht werden, dass Intermediäre dazu beitragen, Netzwerke zu stabilisieren und auszuweiten. Ausgehend von der wirtschaftswissenschaftlichen Einordnung des Themas, wurden entsprechende Strategieansätze vorgestellt, die sowohl von klassischen Finanzintermediäre wie auch Start-ups genutzt werden können.

Entscheidend bleibt, ob es genügend Akteure (Entwickler, Kryptowährung-Communities, kommerzielle Unternehmen als Intermediäre etc.) geben wird, die es schaffen die Optimierung und Ausweitung der Märkte anzukurbeln oder, ob die Systeme der Kryptowährungen nie die Vorteile anderer Bezahlsysteme überwiegen werden, sodass es zur Implosion der jeweiligen Netzwerke kommt.

II.   Literaturverzeichnis

Baligh, H. H., & Richartz, L. E. (1964). AN ANALYSIS OF VERTICAL MARKET STRUCTURES. *Management Science, 10*(4), 667–689. Retrieved from http://www.lib.lsu.edu/apps/onoffcampus.php?url=http://search.ebscoh ost.com/login.aspx?direct=true&db=bth&AN=7437784&site=ehost-live&scope=site

bitcoin charts. (2013). Pricechart. Retrieved July 1, 2016, from http://bitcoincharts.com/charts/bitstampUSD#rg1460ztgSzm1g10zm2g25 zv

Bitcoin.info. (2016). Bitcoin Währungs-Statistiken. Retrieved July 1, 2016, from https://blockchain.info/de/stats?show_adv=true

bitcoin.org. (2016). Schützen Sie ihre Privatsphäre. Retrieved July 1, 2016, from https://bitcoin.org/de/schuetzen-sie-ihre-privatsphaere

Blockchain.info. (2016). Hashrate Verteilung. Retrieved July 2, 2016, from https://blockchain.info/pools?timespan=4days

Bundesbank. (2014). Gründe für die Nichtnutzung innovativer Bezahlverfahren in Deutschland im Jahr 2014. Retrieved from http://de.statista.com/statistik/daten/studie/416475/umfrage/gruende-fuer-nichtnutzung-innovativer-bezahlverfahren/.

Casey, M., & Vigna, P. (2015). *Cryptocurrency.*

Clement, R., & Schreiber, D. (2013). *Internetökonomie* (2nd ed.). Springer Gabler.

Crypto-Currency Market Capitalizations (Stand 14.06.16). (n.d.). Retrieved from http://coinmarketcap.com

Dapp, T.-F., & Karollus, A. (2015). Blockchain – Angriff ist wahrscheinlich die beste Verteidigung (Fintech #2). *Deutsche Bank Research,* 2–4. Retrieved from https://www.dbresearch.de/servlet/reweb2.ReWEB?rwsite=DBR_INTERN ET_DE-PROD&rwobj=ReDisplay.Start.class&document=PROD0000000000358989

Deutsch Bank. (2016). Deutsche Bank eröffnet Innovation Lab im Silicon Valley. Retrieved June 27, 2016, from https://www.db.com/newsroom_news/2016/medien/deutsche-bank-eroeffnet-innovation-lab-im-silicon-valley-de-11531.htm

ECB. (2015). *Virtual currency schemes – a further analysis.*

Euro Banking Association. (2015). Cryptotechnologies, a major IT innovation and catalyst for change, 8. Retrieved from https://www.abe-eba.eu/downloads/knowledge-and-research/EBA_20150511_EBA_Cryptotechnologies_a_major_IT_innovatio n_v1_0.pdf

Europäisches Parlament. (2016). Bitcoin und Co.: Vorteile und Nachteile virtueller Währungen. Retrieved July 1, 2016, from http://www.europarl.europa.eu/news/de/news-room/20160126STO11514/Bitcoin-und-Co.-Vorteile-und-Nachteile-virtueller-Währungen

Evans, D. S. (2009). How catalysts ignite: the economics of platform-based start-ups. *Platforms, Markets and Innovation,* (September 2008), 99–128. http://doi.org/10.2139/ssrn.1279631

Handelsblatt. (2015). *Anteile der Bezahlverfahren am Einzelhandelsumsatz in Deutschland im Jahr 2015*. Retrieved from http://de.statista.com/statistik/daten/studie/258662/umfrage/anteile-der-bezahlverfahren-am-einzelhandelsumsatz-in-deutschland/.

Knippelmeyer, M. (2014). Cloud Computing, NFC und Bitcoin in der Bevölkerung noch weitgehend unbekannt. *TNS Infratest*. Retrieved from https://www.tns-infratest.com/presse/pdf/Presse/2014-11-12-TNS-Infratest-Emnidbusse-digitale-Services.pdf

Kollmann, T. (2007). *E-Business*. Gabler.

Kops, M. (2015). Europäischer Bankenverband will Kryptowährungen regulieren. Retrieved June 27, 2016, from http://www.btc-echo.de/europaeische-bankenvereinigung-fordert-regulierung-von-kryptowaehrungen_2015092503/

Leichsenring, H. (2016). Bitcoin-Startups im Überblick – Infografik. Retrieved July 7, 2016, from https://blockchain.info/de/charts/n-transactions

Maisborn, P. (2000). *Einfluß stochastischer Volatilität auf die Optionsbewertung*. Retrieved from https://books.google.de/books?id=1jB3AQAAQBAJ&printsec=frontcover&hl=de&source=gbs_ge_summary_r&cad=0#v=onepage&q&f=false

Meier, A. (1997). *Theorie und Gestaltung eines Marktes für Evaluationen*. Johann Wolfgang Goethe-Universität. Retrieved from http://www.wiwi.uni-frankfurt.de/~ameier/da/Diplomarbeit.html

Nakamoto, S. (2008). Bitcoin: A Peer-to-Peer Electronic Cash System. *Www.Bitcoin.Org*, 9. http://doi.org/10.1007/s10838-008-9062-0

Neumeier, S.-M., & Haas, H.-D. (2016). Diffusion. In *Gabler Wirtschaftslexikon*. Springer Gabler. Retrieved from http://wirtschaftslexikon.gabler.de/Archiv/3533/diffusion-v9.html

Prisco, G. (2014). Bitcoin Foundation Financial Standards Working Group. Retrieved July 1, 2016, from https://www.cryptocoinsnews.com/bitcoin-foundation-financial-standards-working-group/

Rochet, J.-C., & Tirole, J. (2003). *PLATFORM COMPETITION IN TWO-SIDED MARKETS*. Retrieved from http://www.rchss.sinica.edu.tw/cibs/pdf/RochetTirole3.pdf

Rogers, E. M. (2003). *The Diffusion of Innovations. Diffusion of Innovations*. http://doi.org/citeulike-article-id:126680

Scholz, H. (2014). NFC, BLE und Bitcoin in der Bevölkerung noch weitgehend unbekannt. *Mobile Zeitgeist*. Retrieved from http://www.mobile-zeitgeist.com/2014/11/12/studie-nfc-ble-und-bitcoin-der-bevoelkerung-noch-weitgehend-unbekannt/

Seeger, J. (2013). Nur jeder sechste Deutsche kennt Bitcoins. *Heise Online*. Retrieved from http://www.heise.de/ix/meldung/Nur-jeder-sechste-Deutsche-kennt-Bitcoins-1854908.html

Sidel, R., Warnock, E., & Mochizuki Takashi. (2014). Almost Half a Billion Worth of Bitcoin Vanish. *The Wall Street Journal*. Retrieved from http://www.wsj.com/news/article_email/SB10001424052702303801304579410010379087576-lMyQjAxMTA0MDIwNzEyNDcyWj

Tomorrow Focus Media. (2013). *Anteil der Befragten, die bereit sind mit Bitcoin zu zahlen in Deutschland im Jahr 2013*. Retrieved from http://de.statista.com/statistik/daten/studie/314800/umfrage/bereitscha

ft-mit-bitcoin-zu-zahlen-in-deutschland/.

Trautman, L. (2014). *Virtual Currencies Bitcoin & What Now After Liberty Reserve, Silk Road, and Mt. Gox?*

Zeev, N. (2015). "Bitcoin", "Block chain", "Proof of Work" and how they are all connected. Retrieved July 1, 2016, from http://www.ness-ses.com/bitcoin-block-chain-proof-of-work-and-how-they-are-all-connected/

III.   Darstellungsverzeichnis:

IV.   Abkürzungsverzeichnis

Anm. – Anmerkung
Bsp. – Beispiel
bspw. – beispielsweie
bzw. – beziehungsweise
c.q. - casu quo – in dem Fall
etc. – et cetera – und so weiter
evtl. – eventuell
i.d.R. – in der Regel
P2P – peer-to-peer
u.a. – unter anderem
vgl. – vergleiche
z.B. – zum Beispiel